ARLEQUIN PEINTRE,

OU

L'ENLEVEMENT,

AUDEVILLE EN UN ACTE,

PAR M. DE ROUGEMONT.

Représenté sur le Théâtre du VAUDEVILLE, *le* 18 *Octobre* 1806.

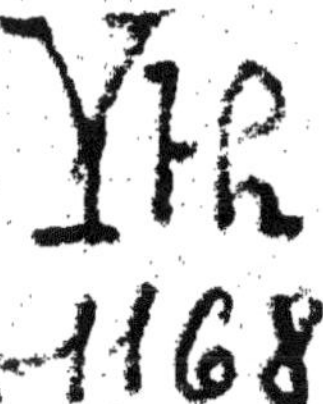

A PARIS,

Chez [illegible] jeune, au dépôt de pièces de Théâtre, anciennes et nouvelles, rue St-Denis, n.° 169.

PERSONNAGES.	ACTEURS.
CASSANDRE, *homme de lettres, oncle d'Argentine.*	M. Lenoble.
ARLEQUIN, *Peintre.*	M. Laporte.
ARGENTINE, *Nièce de Cassandre.*	Mme. Thésigny.
GILLES, *Factotum de Cassandre.*	M. Fichet.
Deux PARENS de Cassandre.	MM. { Carle. Duban.
AUTRES PARENS.	

La Scène est à Paris, *chez Cassandre.*

ARLEQUIN PEINTRE,

OU

L'ENLEVEMENT,

VAUDEVILLE.

Le Théâtre représente un Sallon ; à droite une bibliothèque, à gauche un cabinet, etc.

SCÈNE PREMIÈRE.

GILLES, *arrangeant la salle.*

Trois heures ! Allons, point de paresse, préparons tout pour la lecture de ce soir.

Air : Suson sortait de son village.

Tandis que rien ne nous tracasse
Rangeons tout sans faire fracas ;
Mettons chaque chose à sa place :
J'en vois beaucoup qui n'y sont pas.
Molière ici,
Racine aussi ;
Là, de Corneille plaçons chaque tome :
Allons, allons
Et travaillons ;
Oui, soyons prompt
A ranger ce sallon.
Monsieur Cassandre est un bon-homme ;
Ici bientôt il se rendra,
Et pendant le tems quil lira
Je pourai faire un somme.

Secrétaire, commis et commissionnaire de cet homme universel, je n'ai pas le tems de prendre le moindre repos. Dès le matin il faut copier ce qu'il fait, défait et refait. Ah ! si je n'avais pas la certitude de devenir l'époux de sa nièce, j'abandonnerais bien vîte le métier; mademoiselle Argentine ne parait cependant pas m'aimer beaucoup; c'est une fille bel-esprit à qui la lecture tourne la tête; heureusement monsieur Cassandre a chassé de chez lui ce mauvais sujet d'Arlequin, qui était assez disposé à mettre en action avec ma future les romans qu'elle lisait; ..... mais, j'apperçois mademoiselle Argentine.

SCÈNE II.

ARGENTINE, GILLES.

ARGENTINE, *un livre à la main et sans voir Gilles.*

Avec quel feu Lovelace cherche à persuader Clarisse ! Quelle brûlante éloquence il déploye pour la séduire. Quel auteur que ce Richardson !

AIR : *Adieu, je te fuis bois charmant.*

Je crois pourtant que les portraits
Au vrai sont par fois infidèles ;
Dans la société jamais
Je n'ai rencontré ses modèles.
est ce par respect pour les mœurs,
Ou faute d'esprit ou de grâce ?
Parmi nos jeunes séducteurs
Je ne vois plus de Lovelace.

GILLES.

Fort bien mademoiselle ; Ah ! comme les romans vous font tourner la tête.

ARGENTINE.

Arlequin en faisait autant.

GILLES.

Croyez-moi ; laissez cette lecture pernicieuse.

ARGENTINE.

Que dis tu ? Elle est charmante, instructive !

GILLES.

Ah ! Mademoiselle lit des romans pour s'instruire.

ARGENTINE.

Air

Ces livres-là plaisent toujours ;
Plus j'en lis et plus j'en veux lire ;
Dans la science des amours
Fille à mon âge aime à s'instruire.
Et si bercé d'un fol espoir,
Arlequin devenait plus tendre,
Je suis bien aise de savoir
Comment on fait pour ce défendre.

GILLES.

Est-ce qu'une demoislle a besoin d'apprendre ces shoses-là.

ARGENTINE.

J'avoue qu'il y a des gens avec qui l'envie de se défendre vient si naturellement.

GILLES.

Si vous ne lisiez du moins que la Belle Maguelone, le Chapeau de Fortunatus, les quatre fils Aymond ; ces livres-là ne peuvent corrompre le cœur d'une jeune personne.

ARGENTINE.

Mais ils ne lui apprennent rien ; dans ceux que je lis je puise l'amour de la sagesse ; je vois quels sont les pièges que l'on tend à l'innocence, et j'apprends à m'en garantir.

GILLES.

La précaution était bonne avec Arlequin, il etait si entreprenant !

ARGENTINE.

C'est son seul défaut.

GILLES.

Monsieur Cassandre a bien fait de le renvoyer, car je crois que depuis son départ vous avez un peu plus d'amour pour moi.

ARGENTINE.

Pas davantage.

GILLES.

Je fais pourtant tout ce que je peux pour vous plaire; mes complaisances pour monsieur Cassandre ne viennent que de mon amour pour vous.

AIR : Souvent la nuit quand je sommeille.

Flattant votre tuteur sans cesse,
J'approuve tout ce qu'il écrit ;
Et dans ces vers que je caresse
Je trouve même de l'esprit.
Enfin s'il me lit un ouvrage,
Sur ses défauts loin d'appuyer ;
Je n'ai pas l'air de m'ennuyer
Peut-on vous aimer davantage?

ARGENTINE.

Ah ! pourquoi mon Arlequin n'a-t-il pas eu la même complaisance ?

GILLES.

Votre oncle m'est redevable de plusieurs projets.

ARGENTINE.

Qui ont dérangé sa fortune.

GILLES.

C'est moi qui l'ai fait connaître.

ARGENTINE.

Et vous appelez cela un service?

GILLES.

C'est moi qui l'ai décidé à lire ses ouvrages au public.

ARGENTINE.

Et vous vous dites son ami ?

GILLES.

Oui, mademoiselle, son ami, son meilleur ami. Moi seul je pouvais lui donner de semblables conseils. Aussi m'a-t-il promis votre main.

ARGENTINE.

Jamais je ne serai votre femme.

GILLES.

Vous ne savez pas ce que vous refusez.

AIR : *Ah! que je sens d'impatience.*

Ah! que la douce jouissance
D'épouser un homme d'esprit.
Partout on admire, on encense,
On répète ce qu'il écrit.
On cite
Son mérite,
Chez les grands on l'invite :
Il parvient aisément
Au plus haut rang.
Sa femme jamais ne le quitte,
Près d'elle chacun est galant ;
On dit en voyant
Ce couple charmant
Grâces et talent
S'unissent souvent,
Vraiment
Souvent,
Oh! très-souvent.

C'est un concert de louanges ; que madame a de beauté, que monsieur a d'esprit ! C'est Appollon sous les lois de Vénus; ah! mademoiselle Argentine, quel bonheur quand vous serez ma femme! Avec quel délice......

Je pense (*bis*) à tout ce qui m'attend.

ARGENTINE, *à part.*

Et Arlequin qui ne vient pas.

GILLES, *à part.*

Elle soupire; un peu de galanterie, et elle est à moi. (*Haut*) mademoiselle, d'après votre goût pour la lecture, je me suis muni de livres capables de vous distraire agréablement; d'abord voilà une tragédie fort belle que j'ose vous offrir.

AIR : *Tenez, moi je suis un bon-homme.*

La rime en est toujours exacte,
Et l'intérêt en est profond,
Reconnaissance au premier acte,
Et reconnaissance au second,
Dès que le troisième commence
Tous les acteurs sont reconnus.

ARGENTINE.

A force de reconnaissance,
On ne s'y reconnaîtra plus.

GILLES.

Préférez-vous un poëme? Choisissez : en voilà de toute espece; grands, petits, sombres, gais, ennuyeux.

AIR : *Trouverez-vous un parlement.*

L'un chante la gloire des rois,
L'autre le deuil de la nature,
Et d'un poëme tous les mois
S'enrichit la littérature.

ARGENNTINE.

Oui, je sais bien qu'au dieu du goût
Chacun cherche à payer ses dettes.

Mais,

On voit des poëmes partout,
Partout on cherche des poëtes.

GILLES.

En voici un de mon cousin, jeune homme d'une grande espérance.

AIR : *Du ballet des Pierrots.*

Pour son début, de la cuisine
Il rima les secrets nouveaux,

Aussi

Aussi dans cette œuvre badine,
Trouve-t-on d'excellens morceaux.

ARGENTINE.

Ce succès a tourné sa tête,
Et maintenant ce jeune auteur
Parle de la danse en poëte,
Et fait des vers comme un danseur.

GILLES.

Puisque je ne peux pas trouver le moyen de vous plaire, je vous quitte.

ARGENTINE

Que ne parlois-tu plutôt !

GILLES.

Et je vais rejoindre monsieur Cassandre, qui est allé au salon.

SCENE III.

ARGENTINE, *seule.*

Je ne conçois rien à la conduite d'Arlequin ; et je n'en vois aucun exemple dans les romans que je lis ; au lieu de se prêter aux manies de mon tuteur, qui l'avait pris pour secrétaire, il se fait renvoyer et détruit ainsi tout espoir d'hymen entre nous ! Ah ! quand le reverrai-je?

SCENE IV.

ARGENTINE, ARLEQUIN.

ARLEQUIN.

Argentine !

ARGENTINE, *étonnée.*

C'est sa voix.

ARLEQUIN.

Oui, ma bonne amie, c'est moi-même.

ARGENTINE

Comment as-tu fait pour arriver jusqu'à moi.

ARLEQUIN.

AIR : *de la Hullin.*

Près d'ici caché ce matin,
J'ai vu sortir monsieur Cassandre,
Et ton Arlequin
A soudain
De te voir formé le dessein.
A ta porte las d'attendre,
Je me glissais doucement,
Mais quand je crois te surprendre,
C'est Gilles qui me surprend.
Juges de mon étonnement,
Quand par le bras il vient me prendre;
Je lui propose galemment
De nous expliquer poliment.
Monsieur ose se prétendre
Chargé de te surveiller,
Et pour fuir m'engage à prendre
Le chemin de l'escalier.
A ce propos inattendu,
Ma batte répond pour moi-même,
Et jamais, j'en suis convaincu,
Ma batte n'a tant répondu.

ARGENTINE.

Tu ne serais pas réduit à chercher de pareils moyens, si tu avais resté auprès de M. Cassandre.

ARLEQUIN.

Ma bonne amie, il m'était impossible de partager ses ridicules, de le voir toucher aux chefs-d'œuvre de nos grands-maîtres, sans être pénétré de colère et d'indignation; à propos, que refait-il maintenant?

ARGENTINE.

Un éloge de Voltaire.

ARLEQUIN.

Il en veut donc bien à ce grand homme.

AIR : *L'un est le fils du sentiment.*

Tous ces modernes Vadius,
Fléau de la littérature,
Aux partis tour à tour vendus
Vomissent l'insulte et l'injure.
S'humiliant à notre gré,
Un peu d'or les corrompt, les change,
Mais par leur censure honoré,
On est flétri par leurs louanges.

ARGENTINE.

Toujours des épigrammes.

ARLEQUIN.

En parlant de monsieur Cassandre, c'est si naturel; un homme qui loue Voltaire, refait Racine, retouche Corneille, change Moliere, il ne lui manque plus que de refondre un grand opéra.

ARGENTINE.

Cela pourrait bien lui arriver.

ARLEQUIN.

Et continue-t-il toujours de lire ses ouvrages au public?

ARGENTINE.

AIR : *La vigne de Claudine.*

Rempli de confiance,
Depuis un mois entier;
Il montre la science
Qu'enseignait le Tessier.

ARLEQUIN.

Moi, je crois qu'à l'entendre
On ne peut rien gagner,
Et qu'il devrait l'apprendre
Au lieu de l'enseigner.

ARGENTINE.

Ce genre de spectacle a été si commun depuis qu'on a vu un auteur estimable en donner lui-même l'exemple.

ARLEQUIN.

Pour celui-là, sangodémi! ses lectures n'ont fait qu'ajouter à sa gloire.

AIR : *L'amour aura soin de l'instruire.*

A peine il quitta le théâtre,
Témoin de ses succès constans,
De son art toujours idolâtre,
Il lui consacra ses instans;
Dans ses instructives séances,
Il en révéla les secrets;
Mais en doublant nos jouissances
Larive doubla nos regrets.

Mais qui peut donc maintenir monsieur Cassandre dans le goût de lire ainsi ses ouvrages?

ARGENTINE.

L'amoureux de ma dot, monsieur Gilles.

ARLEQUIN.

Le coquin!

ARGENTINE.

Il est plus adroit que vous, il flatte mon oncle, il l'appelle un grand homme, et mon oncle le croit.

ARLEQUIN.

Mais s'il ne faut que le flatter, je compte lui faire une proposition qui le flattera; tu sais que j'ai quitté la poésie pour la peinture.

ALGENTINE.

Oui, et je sais aussi que tu devais exposer au salon.

ARLEQUIN.

Cela ne m'a pas été possible : il y a tant de tableaux!

AIR : *Du Vaudeville de Voltaire chez Ninon.*

Jamais peut-être le sallon,
Argentine, tu peux me croire,
En portraits ne fut si fécond,
Si fécond en tableaux d'histoire.
Les chefs-d'œuvre de ces messieurs
Ne laissant plus aucun espace,
A la porte on en voit plusieurs;

ARGENTINE.

Ceux-là sont peut-être à leur place.

ARLEQUIN.

Il en est qui font honneur à l'école française; un surtout mérite de fixer l'attention publique.

ARGENTINE.

Quel est ce sujet?

ARLEQUIN.

Une scène du déluge.

Air : *Romance de Téniers.*

Oui, ce tableau que chacun vante
Captive notre œil enchanté;
Mais du fléau qu'il représente
Combien le cœur est attristé;
Infortunée! on croit encore entendre
Les sombres cris de ta douleur,
Et sous les pleurs que tu nous fais répandre,
Grandit le laurier de l'auteur.

ARGENTINE.

On vante le portrait de M.^eLavallière auxCarmélites.

ARLEQUIN.

En effet il est charmant.

Air : *Vaudeville d'Arlequin musard.*

Lavallière toujours émue
Au souvenir de son bonheur,
Sur un lys a jeté la vue;
Ses traits en offrent la pâleur,

Il ranime une ardeur brûlante,
Elle sent chanceler sa foi,
Et d'un dieu l'épouse mourante
N'est plus que l'amante d'un roi.

ARGENTINE.

On dit que plusieurs peintres ont offert les traits d'un grand monarque sans en saisir la ressemblance.

ARLEQUIN.

Elle était pourtant facile à saisir.

Air : *Si Dorilas.*

Voulez-vous que ce personnage
Sois reconnu sans nul effort ?
D'Achille peignez le courage,
La prudence du vieux Nestor ;
D'Auguste peignez la clémence,
Les vertus de Charles le grand,
Du bon Henri la bienfaisance,
Et le portrait sera frappant.

ARGENTINE.

Mais tout cela ne m'instruit pas de ce que tu comptes faire pour te reconcilier avec mon oncle.

ARLEQUIN.

Son portrait.

ARGENTINE.

Il est vrai qu'il le désire bien ardemment.

ARLEQUIN.

Tu vois que pour te plaire, j'avilis mes pinceaux et descens jusqu'à la carricature.

ARGENTINE.

Chût ! j'entends quelqu'un, c'est mon oncle, retires-toi, afin qu'il ne soupçonne pas notre intelligence.

ARLEQUIN.

Je cours chercher ce qu'il me faut.

SCENE V.

ARGENTINE, *seule.*

Puisse-t-il réussir!

SCENE VI.

ARGENTINE, CASSANDRE.

CASSANDRE.

Ouf! je n'en puis plus.

ARGENMINE.

Vous êtes fatigué, mon oncle?

CASSANDRE,

Je voulais entrer au sallon, mais la foule m'en a empêché. Ah! si j'étais le maître, dès demain les portes d'entrée en seraient refaites et agrandies.

ARGENTINE.

Toujours de nouveaux projets!

CASSANDRE.

Jusqu'à présent, tous ceux qui me doivent le jour ont réussi et m'ont valu quelque célébrité; pas un journal qui ne s'occupe de moi.

ARGENTINE.

Pour en rire.

CASSANDRE.

Pas un petit auteur qui n'ambitionne mon suffage.

ARGENTINE.

Pas un homme de goût qui ne s'en passe.

CASSANDRE.

J'ai retouhcé le père de la comédie.

ARGENTINE.

Ce n'est pas là ce que vous avez fait de mieux.

CASSANDRE.

AIR : *J'ai vu partout*, etc.

Plein de respect pour ce grand homme
Et d'assurance en mes talens,
Il est fort aisé de voir comme
J'ai rebâti tous ses enfans.
Du successeur d'Aristophane
Tu vois que j'ai su m'approcher.

ARGENTINE.

Ah ! mon oncle, une main profane
Le souille en osant y toucher.

CASSANDRE.

Plaisanterie déplacée, mademoiselle ; il a résisté à tout ce que je lui ai fait.

ARGENTINE.

Il est vrai que vous ne lui avez pas fait grand' chose.

CASSANDRE.

J'ai rajeuni Corneille......

ARGENTINE.

Qui n'était vieux pour personne.

CASSANDRE.

J'ai corrigé Racine.

ARGENTINE.

Qui vous aurait corrigé autrefois.

CASSANDRE.

Mademoiselle, vos répliques.....

ARGENTINE.

Ont le mérite de la franchise.

Cassandre.

CASSANDRE.

Votre caractère est loin d'être parfait, et si vous n'aviez que douze ans je vous referais de la tête aux pieds.

ARGENTINE.

Je n'en vaux pas la peine.

CASSANDRE.

Je laisse ce soin à votre futur époux, à Gilles.

ARGENTINE.

A Gilles ?

CASSANDRE.

Oui, mademoiselle, Gilles est un garçon estimable, un homme d'esprit.

ARGENTINE.

C'est précisément pour cela que je ne l'épouserai pas.

CASSANDRE.

Qu'est-ce à dire, mademoiselle ?

ARGENTINE.

AIR : *Victime des tristes allarmes* (du mari supposé.)

On m'a dit que la solitude
Plaisait beaucoup aux gens d'esprit,
Et qu'ils contractaient l'habitude
De ne travailler que la nuit.
Tout entier au goût qui l'abuse,
Hélas ! si notre illustre époux
Passe les nuits avec sa muse,
Avec qui les passerons-nous ?

CASSANDRE.

Gilles prône mes ouvrages, et je lui dois une récompense.

ARGENTINE.

Rien de plus juste ; mais je ne puis me charger d'acquitter votre dette.

CASSANDRE.

AIR : *Du vaudeville de folie et raison.*

A mes ordres docile,
Contractez cet hymen,
Songez qu'à l'ami Gille
J'ai promis votre main.

ARGENTINE.

Gille a l'humeur sombre et jalouse ;
La mienne me porte au plaisir ;
Ah ! songez que si je l'épouse,
Vous répondrez de l'avenir.

CASSANDRE.

A mes ordres, etc.

ARGENTINE.

Soyons prudente et sage,
En cachant mon dessein,
Allons de cet orage
Prévenir Arlequin.

(Elle sort.)

SCÈNE VII.

CASSANDRE, *seul.*

Elle raisonnait ! La jeunesse est maintenant si mal élevée. Il faudra qu'un de ces jours je refasse quelque trait sur l'éducation, c'est la seule branche de littérature à laquelle je n'aie pas encore touché.

SCÈNE VIII.

CASSANDRE, GILLES.

CASSANDRE.

Ah ! te voilà, Gilles.

GILLES.

Je viens du salon, où je croyais vous trouver.

CASSANDRE.

Tu y es entré.

GILLES.

On m'y a porté.

CASSANDRE.

Eh! bien, qu'y as-tu vu?

GILLES.

Des femmes qui pleurent, des enfans qui crient, des censeurs qui blâment, des artistes qui louent, des badauts qui regardent en l'air, et qui vous marchent sur les pieds.

CASSANDRE.

Mais les tableaux; comment sont-ils?

GILLES.

Il y en a de toutes les couleurs.

CASSANDRE.

On dit qu'on y voit beaucoup de blessés.

GILLES.

Nous avons tant de peintres malades.

CASSANDRE.

AIR : *De l'Enfantine.*

On prétend que cette année
Notre salon est fécond,
Gille en faisant ta tournée
Qu'as-tu remarqué de bon

GILLES.

Une femme, objet charmant,
Modèle d'un tendre amant,

Qui près de l'époux qu'elle aime,
S'empoisonnant elle-même,
Le sauve par ce moyen...

CASSANDRE.

Ce trait est dans le goût ancien.

ENSEMBLE.

CASSANDRE.

Je vois bien que cette année
Notre salon est fécond;
Mais en faisant ta tournée
Qu'as-tu remarqué de bon.

GILLES.

Vous voyez que cette année
Notre salon est fécond;
En y faisant ma tournée
J'admirais avec raison

GILLES.

Un mari fort complaisant,
Conduisant très-poliment
Près de sa femme endormie,
Jeune et surtout fort jolie,
Un aimable jouvenceau.

CASSANDRE.

Ce trait est dans le goût nouveau.

ENSEMBLE.

CASSANDRE.

J'aime fort qu'on applaudisse
A des tableaux de ce goût,
Mais tiens-moi lieu de notice
En poursuivant jusqu'au bout.

GILLES.

Le spectateur rend justice
A des tableaux de ce goût,
Mais l'envie et la malice
Se glissent toujours partout.

GILLES.

On y voit des indigens,
Des vieillards et des enfans,
Des neiges éblouissantes,
Des tempêtes ravissantes,
Et des portraits où le nom
Est inscrit par précaution.

ENSEMBLE.

Je vois d'après ma } tournée
Vous voyez par ma } tournée

Qu'en tableaux comme en portraits,
Le salon de cette année
Est plus fécond que jamais.

CASSANDRE.

Et les batailles sont-elles ?.....

GILLES.

Admirables.

AIR :

J'ai, des fameuses pyramides
Vu le mémorable combat,
Des Turcs, les hordes homicides
Eblouissant par leur éclat.
Et dans cette œuvre du génie,
Grâces au coloris brillant,
Chaque mourant est plein de vie.
Et chaque cheval est parlant.

CASSANDRE.

C'est merveilleux.

GILLES.

En voyant tout ce monde qui circulait autour de moi, je me disais : ah ! si monsieur Cassandre pouvait en voir la vingtième partie assister à ses séances littéraires, comme il serait heureux !

CASSANDRE.

Sans doute ; mais tu vois, personne encore.

GILLES.

Ce sera comme les autres fois.

CASSANDRE.

J'ai cependant distribué beaucoup de billets.

AIR : *Des fleurettes.*

Regarde cette liste,
Vois ce que j'ai donné ;
Ving-neuf à chaque artiste,
Dix à chaque abonné.
Mêm chez en faisant ma ronde,
Pour peu qu'on m'en eût prié,

Moi, j'en aurais envoyé
À tout le monde.

GILLES.

Il y aurait peut-être encore eu de la place.

CASSANDRE.

Qu'y a-t-il eu de nouveau pendant mon absence?

GILLES.

Rien; les lettres de félicitation que vous vous êtes écrites hier matin et que j'ai mises à la petite poste hier soir, vous sont heureusement parvenues aujourd'hui; voulez-vous les ouvrir?

CASSANDRE.

Inutile; tu les enverras aux journaux. Dis-moi: les représentations de cette tragédie dont j'ai fait un mélodrame se succèdent-elles avec rapidité?

GILLES.

Je l'ai vue hier monsieur; mais ce n'était pas un bon jour pour vous

AIR: *De Calpigi*.

Car loin de suivre leur usage,
Pendant le cours cet outrage,
Les acteurs criaient aux éclats;
Les danseurs ne s'élevaient pas.
Si bien que dans toute la salle
On entendait par intervalle,
Crier plus bas à chaque acteur
Et plus haut à chaque danseur.

CASSANDRE.

Que dit-on de moi dans la société?

GILLES.

Un bien infini.

CASSANDRE.

Et comment vont les abonnemens de mes lectures?

GILLES.

Ils dimiuuent tous les jours.

CASSANDRE.

L'édition complète de mes ouvrages réparera tout cela. Mon ami, tu as eu part à mes travaux.

GILLES.

J'ai recopié ce que vous aviez copié.

CASSANDRE.

Tu auras part à ma fortune. J'ai déjà prévenu Argentine de mes intentions, et demain tu seras son mari.

GILLES.

Croyez-vous que je le serai?

CASSANDRE.

Certainement.

GILLES.

Quelle agréable perspective. Ah! M. Cassandre que ne vous devrai-je pas.

CASSANDRE.

Je te devais cela... Mais je ne me trompe pas c'est Arlequin! qui l'amène en ces lieux?

SCENE IX.

GILLES, CASSANDRE, ARLEQUIN.

ARLEQUIN.

Votre réputation.......

CASSANDRE.

C'est très-flatteur.

ARGENTINE

Je viens vous prier de me faire gagner de l'argent.

CASSANDRE.

Comment.

ARLEQUIN.

En me permettant de vous mettre en vente.

GILLES.

La proposition est comique.

ARLEQUIN.

AIR : *De la Boulangère.*

Monsieur, comme un homme à talent,
Tout Paris vous renomme,
Et voudrait avoir franchement
Le portrait d'un grand homme
Vraiment
Le portrait d'un grand homme.

CASSANDRE.

Mon portrait !

ARLEQUIN.

AIR : *Du Vaudeville de la fille en loterie.*

On me le demande partout,
Hélas ! chaque demande est vaine ;
On voudrait voir l'homme de goût
Qui du siècle est le phénomène.
Je n'en débiterais pas mal,
Car notre bonne compagnie
N'osant avoir l'original
En prendrait chez moi la copie.

CASSANDRE.

Mon cher Arlequin, voilà de ces choses qui sont dans le cas de faire tourner la tête.

ARLEQUIN.

Vous n'avez plus cela à craindre.

CASSANDRE.

Quelle gloire !

Arlequin.

ARLEQUIN.

Nous ferons d'abord un portrait en buste pour être placé au salon à côté d'un Appollon écorchant Marsyas, et au-dessous d'un Pradon qu'on m'a commandé ; ensuite le dessin d'une gravure pour orner le frontispice de votre mélodrame.

CASSANDRE.

Quoi, mon ami !

ARLEQUIN.

Air : *Mon père était pot.*

Vous enrichirez les beaux-arts
Ainsi que le Parnasse ;
Vous augmenterez les musards
Que Martinet amasse.
On s'arrêtera,
On admirera
Ce port, cette noblesse :
Même il se pourrait
Que votre portrait
Fit acheter la pièce.

CASSANDRE.

Mon cher Arlequin, mes momens sont précieux, quel temps prendrons-nous ?

ARLEQUIN.

Celui de vos séances.

GILLES.

Il a parbleu raison ; vous êtes à peindre quand vous lisez.

CASSANDRE.

Mais il faudrait commencer......

ARLEQUIN.

De suite, si vous le voulez.

CASSANDRE.

Si je le veux ! Ah ! mon ami, quel honneur je vais te devoir.

GILLES.

C'est dommage qu'il n'y ait encore personne d'arrivé.

CASSANDRE.

Je m'y attendais, et ne comptant ni sur la recette ni sur les billets que j'ai distribués, j'ai fait assembler toute ma famille dans un appartement voisin. Elle est là et n'attend que mon ordre pour se montrer.

(Il va ouvrir la porte du cabinet.)

SCÈNE XI

LES PRÉCÉDENS, ARGENTINE, PARENS DE CASSANDRE.

CASSANDRE.

AIR : *Ah! vive Roquelaure.*

Mes amis prenez place
Dans ce vaste Salon,
Et prêtez-moi de grâce
Un peu d'attention.
A mon aise je brille :
Envieux et jaloux,
Au sein de ma famille
Je lirai malgré vous.

CHOEUR.

Chers parens. etc..

ARLEQUIN.

On ne peut s'y méprendre ;
En voyant ces gens-là
La famille Cassandre
Jamais ne s'éteindra.

COEURS.

Chers parens. etc.

GILLES.

Et moi à mon poste. *(Il sort.)*

SCENE XII.

LES PRÉCÉDENS, *excepté* GILLES.

CASSANDRE, *à Arlequin.*

Toi, Arlequin de ce côté.

ARLEQUIN.

Il ne faut pas que je sois vu.

ARGENTINE, *à Arlequin, tandis que Cassandre range sa table.*

On me marie demain.

ARLEQUIN.

Je le sais.

ARGENTINE.

Quel parti prendre ?

ARLEQUIN.

Je n'en sais rien.

CASSANDRE.

Place-toi de manière à ce qu'on ne dérange pas notre dessin. Je te regarderai de temps à autre.

ARLEQUIN.

C'est inutile ; j'aurai les yeux sur vous.

CASSANDRE.

Je vais commencer par un fragment de tragédie qui est de ma façon. C'est un ami qui veut vaincre les scrupules de son ami.

(Il lit d'une manière ridicule)

rince, n'écoutez plus un devoir rigoureux,
equel vient s'opposer à vos timides feux.
ous adorez Nadire et Nadire vous aime ;
ez tout entreprendre, et plein d'un zèle extrême,
'arracher à des nœuds qui feraient son tourment ;

Les crimes de l'amour s'excusent aisément.
Sans crainte on peut braver une injuste puissance,
Par laquelle s'éteint la plus douce espérance;
En dépit d'un jaloux, gardien de ses appas,
Nadire va bientôt se jetter dans vos bras.
Pour que de son honneur on ne puisse médire,
Dans le temple voisin vous irez la conduire,
Et là, sans nul danger, avant la fin du jour,
L'hymen reparera les fautes de l'amour.

Vous avez dû vous appercevoir, messieurs, que ce n'est pas là tout-à-fait le style du vieux Corneille.

ARLEQUIN.

Personne ne s'y est mépris.

CASSANDRE.

J'en suis flatté; passons à des changemens que j'ai fait à un autre grand homme auquel je me flatte que j'aurais fourni plus d'un trait comique s'il eût existé de nos jours. Je commence par l'amour peintre, dont j'ai fait une espèce de mélodrame anacréontique.

AIR : *De Richard Cœur-de-Lion.*

Cet ouvrage léger
Va vous permettre de juger
Avec quel art j'ai refait
Ce qu'en Grèce on avait fait.

Dans ce simple badinage
Contre son louable usage,
Notre auteur n'égayait pas;
Moi, j'ai fait en homme habile
Des changemens à son style :
Vous allez rire aux éclats.

CHŒUR.

Cet ouvrage léger, etc.

CASSANDRE.

Que le plus profond silence
Règne dans cette séance,
Elle doit me faire honneur.
Messieurs à votre indulgence
J'ai plus d'un droit je le pense,
Comme auteur, comme lecteur.

CHŒUR.

Cet ouvrage léger, etc.

CASSANDRE.

Le commencement étant le même, je passerai de suite à la scène XII, laquelle j'ai entièrement refaite. Adraste, déguisé en peintre.

ARLEQUIN, *bas à Argentine.*

Comme moi.

CASSANDRE.

Amoureux de la jeune Isidore, fille charmante.

ARLEQUIN.

Comme toi.

CASSANDRE.

Et pupile de dom Pèdre, jaloux, ridicule.

ARLEQUIN.

Comme lui.

CASSANDRE.

S'introduisait chez le tuteur pour y peindre sa maîtresse; ne trouvant point la scène assez comique, j'ai supposé au tuteur l'envie d'avoir son portrait; écoutez bien : par prudence il ordonne à quelques-uns de ses gens de se tenir dans l'appartement de surveiller le jeune peintre.

ARLEQUIN.

C'est charmant. Nous voilà en scène.

CASSANDRE, *lisant tour-à-tour pour le peintre, don Pedre et Isidore.*

» LE TUTEUR. La galanterie de ce peintre m'est
» étrangement suspecte; heureusement il est entouré
» de personnes dont la vigilance m'est connue et qui
» au besoin contrarieraient ses projets.

ARLEQUIN.

C'est bien là ce que je crains.

CASSANDRE.

» Pendant cet aparté, le peintre regarde sa » maîtresse, et cherche à l'embrasser.

ARLEQUIN, *voulant embrasser Argentine.*

Profitons de l'avis.

ARGENTINE

Arlequin, cessez.

CASSANDRE.

» Elle résiste un peu, mais elle finit.......

ARLEQUIN, *qui a embrassé Argentine.*

Par se rendre.

ARGENTINE.

C'est très-mal, monsieur.

CASSANDRE.

» Oui, messieurs, c'est fort mal, mais à la scène on excuse ces petites licences.

ARLEQUIN, *à Argentine.*

Tu l'entends.

CASSANDRE.

» Le tuteur, qui n'a rien vu, continue et dit au » peintre : j'espère, monsieur, qu'une seule séance » suffira pour m'achever de peindre.

ARLEQUIN.

Oui, monsieur.

CASSANDRE.

» Commencez-vous à m'attraper?

ARLEQUIN

Je crois que je finirai par-là.

CASSANDRE.

» Votre exactitude vous fera infiniment d'honneur

» dans l'esprit de ma pupile, à laquelle je destine » ce portrait.

ARLEQUIN.

Cela ne sera pas vrai.

CASSANDRE.

» Ici le peintre serre la main de son amante et » lui fait partager le chagrin que lui cause ce mariage

» Isidore

» Non, Adraste, je ne serai jamais à d'autre » qu'à vous.

ARLEQUIN, *à Argentine.*

Tu m'aimeras toujours.

CASSANDRE.

» Et pour vous le prouver, cherchez un moyen » de me soustraire au pouvoir de mon tuteur.

» Le Peintre

» Je ne vois qu'un enlèvement.

ARLEQUIN.

Eh! oui, sangodémi, un enlèvement.

ARGENTINE.

Impossible.

CASSANDRE.

» Quelques-uns des gens qui nous entourent ont » disparu, les autres sont profondément endormis.

ARLEQUIN.

Il a raison, tout le monde dort.

CASSANDRE.

» Le tuteur ne nous voit pas.

ARLEQUIN.

C'est un homme dont les vues sont bornées.

CASSANDRE.

» Cédez à l'amour le plus vrai ; osez me suivre

ARLEQUIN.

Il parle pour moi.

CASSANDRE.

» Votre résistance est un outrage à l'amour.

ARLEQUIN.

Je ne m'expliquerais pas mieux.

ARGENTINE.

Je crains.....

CASSANDRE.

» Qu'une crainte déplacée ne vous arrête point :
» il n'est personne qui n'approuve votre démarche,
» puisqu'elle a pour but de vous réunir à l'amant
» le plus sincère.

ARGENTINE.

Puissé-je n'avoir jamais à m'en repentir !

CASSANDRE.

» Tandis que le tuteur se reposant sur la vigilance
» de ses domestiques, promène ses yeux autour de
» lui, le jeune peintre et sa maîtresse traversent à
» pas de loup l'appartement, passent auprès de gens
» endormis, gagnent la porte sans avoir été vus, et
» disparaissent en riant. (*Arlequin et Argentine exécutent ce que vient de lire Cassandre.*) Sentez-vous, messieurs, le comique de la situation ! voyez-vous d'ici la colère du tuteur lorsqu'il saura qu'on l'a trompé de cette manière.... Heim ! heim !.... messieurs, le silence dont vous m'honorez est certainement .... Voilà des gens qui m'écoutent avec une attention aussi flatteuse qu'extraordinaire, (*Il lit*)
» Nos jeunes gens sont donc partis, et le tuteur, qui
» croit qu'on continue de le peindre, se balançant
avec

vec graces sur son fauteuil, cherche à donner à sa figure une expression d'aménité qui ne lui est pas ordinaire. Mais les amans n'ont pu aller loin, un domestique les voit, et les ramène en criant......

SCENE DERNIERE

LES PRECEDENS, GILLES, ARLEQUIN, ARGENTINE

GILLES.

Au secours, au secours, M. Cassandre; voilà un aviateur que je vous ramène.

TOUS, *eveillés par Gilles.*

Bravo! bravo.

GILLES.

Je l'ai arrêté au passage.

UN AUDITEUR.

Oui, le passage est charmant; mon cousin l'a comme un ange.

GILLES.

Il ne s'agit pas de cela, Arlequin...

CASSANDRE.

Où en est son dessein.

GILLES.

Je ne lui ai pas laissé le tems d'achever.

CASSANDRE.

Et pourquoi, s'il-vous-plait?

GILLES.

C'est qu'il enlevait.....

CASSANDRE.

Tous les suffrages.

GILLES.

Non, mais votre nièce que voilà.

CASSANDRE.

Que dit-il, vous enleviez Argentine?

ARLEQUIN.

» J'adore votre pièce, et votre pièce m'aime,
» J'ai su tout entreprendre, et plein d'un zele extrême,
» L'arracher à des nœuds qui feraient son tourment.

CASSANDRE.

Troubler le repos de ma famille.

UN AUDITEUR.

Je dormais de si bon cœur.

CASSANDRE.

Par un crime de cette nature.

ARLEQUIN.

» Les crimes de l'amour s'excusent aisément.

CASSANDRE.

Exposer sa réputation.

ARLEQUIN.

» Pour que de son honneur on ne puisse médire,
» Chez le traiteur voisin, moi j'allais la conduire.

CASSANDRE.

Et que fut-elle devenue, malheureux.

ARLEQUIN.

» Ne vous emportez pas, avant la fin du jour,
» L'hymen eut réparé les fautes de l'amour.

GILLES.

Il a réponse à tout.

CASSANDRE.

Je crois qu'il me raille.

ARLEQUIN.

Je profite de vos leçons, et trouve vos principes si naturels, que sur-le-champ je les mets en pratique.

CASSANDRE.

Comment.

ARLEQUIN.

C'est par admiration pour vous que j'ai enlevé

Argentine, et pour prouver à tout le monde qu'il n'y a rien d'aussi délicat que vos ouvrages, et de plus simple que leurs intrigues.

CASSANDRE.

En vérité; mais c'est fort bien, mon mai.

ARLEQUIN.

Ecoutez-moi, papa Cassandre; Argentine ne veut pas de Gilles pour son mari, la démarche qu'elle vient de faire prouve son amour pour moi. Consentez à notre union. Comme peintre, comme auteur, je vous offre également mes services. Je composerai des petites pièces que vous ferez paraître en public sous votre nom, vos ouvrages sifflés seront de moi, mes ouvrages applaudis seront de vous; peut-on être plus accommodant?

ARGENTINE.

Mon cher oncle!

CASSANDRE.

Tant de générosité me touche; oui, mon cher Arlequin, ma nièce est à toi, dont le pinceau va m'immortaliser... Eh! mais, ce pauvre Gilles...

ARLEQUIN.

Restera garçon.

GILLES.

C'est consolant.

ARLEQUIN.

Cette famille-là trouvera toujours à se perpétuer.

VAUDEVILLE.

Air : *De la cinquième Edition.*

CASSANDRE.

A ma nièce je vais t'unir
Ne lui sois jamais infidèle,
Mais que l'amour et le plaisir
Te ramènent toujours près d'elle.
On dit que pour vivre content

Ce métier est nécessaire,
C'est la seule chose peut-être
Que je n'ai pas voulu refaire.

GILLES.

Refaire, est le comble de l'art
On refait Corneille, Voltaire,
On a refait Gentil-Bernard
On a refait jusqu'à Molière.
On a refait Lully, Rameau,
Mais par malheur dans cette affaire
Tout ce qu'on a fait de nouveau
Est la seule chose à refaire.

ARLEQUIN.

Toi qui de Raphaël mourant
Nous peint les honneurs et la gloire;
Toi qui, d'Aboukir, savamment,
Nous peins la sanglante victoire
Toi dont les aimables pinceaux
Deux fois nous offrent la Vallière;
Le goût admire vos tableaux
L'art n'y trouve rien à refaire.

ARGENTINE.

Si le public dans ce moment
Au sort de l'Auteur s'intéresse,
Sans y faire aucun changement
Nous donnerons encor sa pièce.
Mais si peu satisfait des traits
Qu'on vient de hasarder pour plaire,
Il trouvait l'ouvrage mauvais
Cassandre est là pour le refaire.

FIN.